Karl Rahner · Andreas Felger

Von der Gnade des Alltags

Karl Rahner · Andreas Felger

Von der Gnade des Alltags

Meditationen
in Wort und Bild

Mit einem Nachwort
von Albert Raffelt

HERDER

FREIBURG · BASEL · WIEN

© Verlag Herder Freiburg im Breisgau 2006
www.herder.de

Erstveröffentlichung unter dem Titel
Karl Rahner, Alltägliche Dinge
im Benziger Verlag, Einsiedeln – Zürich – Köln

Umschlagmotiv und alle Abbildungen im Innenteil:
Ölbilder von Andreas Felger
© Präsenz Kunst & Buch, Gnadenthal, 65597 Hünfelden
www.af-kulturstiftung.de

Innengestaltung:
Weiß – Graphik & Buchgestaltung, Freiburg

Druck und Bindung:
fgb · freiburger graphische betriebe
www.fgb.de

Gedruckt auf umweltfreundlichem,
chlorfrei gebleichtem und säurefreiem Papier
Printed in Germany
ISBN-13: 978-3-451-28848-7
ISBN-10: 3-451-28848-6

Inhalt

„Wenn dein Alltag dir arm scheint,

klage ihn nicht an; klage dich an,

daß du nicht stark genug bist,

seine Reichtümer zu rufen."

Rainer Maria Rilke

Von der Theologie des Alltags

Theologische Meditationen wie diese hier werden manche Menschen bei der Hast und Hetze, der Emsigkeit und Geschäftigkeit des Alltags nur am Sonntag in Ruhe lesen und bedenken können. Sollten wir nicht wenigstens am Sonntag, der auch so etwas sein darf wie ein Atemholen des ganzen Menschen für den Alltag, die Gelegenheit nützen, um uns einige Überlegungen zu einer Theologie des Alltags zu machen; einige Alltäglichkeiten, wie Arbeit und Erholung, Essen und Schlafen und was derlei Dinge der Alltäglichkeit mehr sind, unter das Licht des christlichen Glaubens zu stellen und als Frage an die Theologie zu betrachten? Immer natürlich mit dem Vorbehalt, dass in ein paar kurzen Worten auch zu solch einfachen Dingen nur sehr wenig gesagt werden kann, zumal das Einfachste das in Wahrheit Schwerste für Theorie und Praxis zu sein pflegt.

Diesmal sei zur Einleitung nur ein Kleines über
die Theologie des Alltags im Allgemeinen gesagt.
Das Erste ist dies: Solch eine Theologie darf nicht
meinen, sie könne den Alltag zum Feiertag machen.

Lass ruhig den Alltag *Alltag* sein,

sagt solche Theologie zuerst. Man kann und soll
auch durch die hohen Gedanken des Glaubens und
die Weisheit der Ewigkeit den Alltag nicht in einen
Feiertag verwandeln. Er muss unversüßt und
unidealisiert bestanden werden. Dann nur ist
er gerade das, was er für den Christen sein soll:
der Raum des Glaubens,

die Schule der *Nüchternheit,*

die Einübung der Geduld, die heilsame Entlar-
vung der großen Worte und der unechten Ideale,
die stille Gelegenheit, wahrhaft zu lieben und
getreu zu sein, die Bewährung der Sachlichkeit,
die der Same der letzten Weisheit ist.

Das Zweite aber ist dies: Die schlichte und ehrlich angenommene Alltäglichkeit birgt selber das ewige Wunder und das schweigende Geheimnis, das wir Gott und seine heimliche Gnade nennen, gerade dann, wenn sie Alltäglichkeit bleibt. Denn all das ist ja der vom Menschen getane Alltag. Wo aber der Mensch ist, da ist er das Wesen, das in seinem freien, verantworteten Handeln die verborgenen Tiefen der Wirklichkeit entriegelt. Denn auch die alltäglichsten Kleinigkeiten sind wahrhaft als ein inneres Wesensstück eingefügt in ein wirklich menschliches Leben oder sollen es sein, das heißt aber in ein Leben, das durch Glaube, Hoffnung und Liebe, die sich in aller ernsthaftesten Freiheit auf Gott richten, das Gewicht des ewigen Gottes hat, den es ergreift. Ihn lieben wir ja zuallerletzt nicht durch unsere Ideale, unsere hohen Worte, unsere Selbstbespiegelung, sondern durch die Tat, die uns unserer Selbstsucht entreißt, durch die Sorge, durch die wir uns über den anderen vergessen,

durch die Geduld, die uns stille macht und weise.

Wer als *Mensch* die kleine Zeit an das
Herz der Ewigkeit nimmt,

die er selbst in sich trägt, der merkt plötzlich, dass
auch die kleinen Dinge unsagbare Tiefen haben,
Boten der Ewigkeit sind, immer auch mehr sind
als sie selbst, wie Wassertropfen sind, in denen
sich der ganze Himmel spiegelt, wie Zeichen, die
über sich hinaus verweisen, wie vorauslaufende
Boten, die, wie bestürzt von der Botschaft, die sie
bringen, die kommende Unendlichkeit vorausver-
künden, wie Schatten der wahren Wirklichkeit,
die schon auf uns fallen, weil das Eigentliche eben
doch schon nahe ist.

Und darum gilt das Dritte: Man soll sonntäglich
gut sein zu den Kleinigkeiten und demütigen
Unscheinbarkeiten des Alltags. Sie reizen nur,
wenn wir sie gereizt empfangen, sie machen nur

stumpf, wenn sie nicht verstanden werden, sie machen uns nur alltäglich und banal, wenn wir sie nicht richtig verstehen und falsch behandeln. Sie machen uns nüchtern, vielleicht müde und enttäuscht, bescheiden und still.

Aber das ist es ja gerade, was wir werden sollen, was zu lernen schwer ist und doch gelernt werden muss, was uns erst bereit machen kann, dem eigentlichen Fest des ewigen Lebens entgegenzugehen,

das *Gottes Gnade* und nicht *unsere* eigene Kraft uns zurüstet.

Sie brauchen uns aber nicht verbittert und bösartig skeptisch zu machen. Denn das Kleine ist die Verheißung des Großen und die Zeit das Werden der Ewigkeit. Das aber gilt vom Alltag ebenso wie vom Sonntag.

I   Von der Arbeit

Arbeit ist der charakteristische Inhalt dessen, was wir unseren Werktag und Alltag nennen.

Man kann zwar das Hohelied der herrlichen Arbeit singen, unter diesem Wort die Tat des hohen und mächtigen Schöpfertums des Menschen verstehen und so die Arbeit selig preisen. Man kann sie auch missbrauchen (wie oft geschieht dies!) zur Flucht vor sich selbst, vor dem Geheimnis und dem Rätsel des Daseins, der Angst, die erst die wahre Sicherheit suchen lässt. Aber die wahre Arbeit liegt dazwischen, sie ist weder das Hohe noch das Analgeticum des Daseins. Sie ist einfach – Arbeit: mühsam und doch erträglich, durchschnittlich und gewohnt, sich gleichmäßig wiederholend, in einem das Leben erhaltend und es langsam abnützend, unvermeidlich und (wo sie nicht zu bitterer Fron verdirbt) nüchtern freundlich. Sie kann uns nie ganz „liegen"; selbst wo sie als die Durchführung der höchsten schöpferischen Impulse des

Menschen beginnt, wird sie auch unvermeidlich
Trott, graue Mühseligkeit der Wiederholung des
Gleichen,

> *Behauptung* gegenüber dem
> *Unvorhergesehenen* und der Last

dessen, was der Mensch nicht von innen tut,
sondern von außen, vom Fremden her erleidet.
Und immer ist die Arbeit auch ein Sich-einfügen-
Müssen in die Verfügung der anderen, in den
Rhythmus, der vorgegeben ist, ein Beitrag zu
einem gemeinsamen Ziel, das keiner von uns
allein sich ausgesucht hat, also Gehorsam und
Verzicht in das Allgemeine hinein.

Das Erste somit, was eine Theologie der
Arbeit zu sagen hat, ist gerade, dass Arbeit –
Arbeit bleibt und bleiben wird: das mühsam
Gleichförmige, das Entsagung seiner selbst
Fordernde, das Alltägliche.

Die Arbeit mag immer mehr sich anreichern mit Elementen schöpferischer Tat, sie bleibt im Menschen an eine biologische Grundlage gebunden, die das Ende im Tod sucht, sie bleibt immer in Wechselwirkung mit einer nie restlos verfügbaren Außenwelt, sie wird also – Arbeit bleiben. Und so wird sie bleiben, als was sie der Schrift erscheint: Erscheinung der Schuldverfallenheit unseres Daseins, der erst durch Gott zu überwindenden Disharmonie in unserem Dasein zwischen Innen und Außen, Freiheit und Notwendigkeit, Leib und Geist, Einzelnem und Gesellschaft.

Aber die Erscheinung der Sünde, die ihre Folge, aber nicht selbst Sünde ist, ist in Christus auch Erscheinung der leibhaftigen Erlösung geworden. Und das gilt nicht nur vom Tode, der radikalsten Erscheinung der Schuld, sondern von allen Objektivationen der Gottesferne. Also auch von

der Arbeit in Mühsal, Alltäglichkeit und sach-
licher Selbstlosigkeit. Nicht von sich aus, aber
durch die Gnade Christi kann die Arbeit, im
„Herrn getan", Einübung jener Haltung und
Gesinnung werden, der Gott die Feier des ewigen
Lebens schenken kann:

der *Geduld,* die die
Alltagsgestalt des *Glaubens* ist,

der Treue, der Sachlichkeit, des Verantwortungs-
bewusstseins, der Selbstlosigkeit, in der die
Liebe lebt.

II   Vom Gehen

Zu den alltäglichsten Dingen unseres alltäglichen Alltags gehört das Gehen. Man denkt nur daran, wenn man nicht mehr gehen kann, sondern eingesperrt oder gelähmt ist. Dann empfindet man das Gehen-Können plötzlich als Gnade und als Wunder. Wir sind nicht Pflanzen, die an eine ganz bestimmte vorgegebene Umwelt gebunden sind, wir suchen selbst unsere Umwelt auf, wir verändern sie, wir wählen und – gehen.

Wir erleben uns im *Wandeln* als die sich *selbst* Wandelnden,

als die Suchenden, die erst noch ankommen müssen. Wir erfahren, dass wir die Wanderer zu einem Ziel, aber nicht die ins bloß Leere Schweifenden sein wollen. Wir empfinden uns nochmals im Gang in das schwere Unvermeidliche als die Freien, wenn wir nur selbst diesem Auferlegten noch entgegengehen dürfen. Wir sprechen von einem Lebenswandel, und die erste Bezeichnung der Christen war die der „Leute vom Wege" (Apostelgeschichte 9,2). Wenn gesagt werden soll, dass wir nicht nur Hörer, sondern auch Vollbringer des Wortes sein sollen, dann sagt uns die Schrift, dass wir nicht nur im Geiste leben, sondern auch in ihm wandeln sollen. Wir reden vom Gang der Ereignisse, vom guten Ausgang eines Unternehmens, vom Zugang zum Verständnis, von verlogenem Hintergehen eines Menschen, vom Geschehen als einem Vorgang, vom Wechsel als einem Übergang, vom Ende als dem Untergang; wir sehen das Werden als einen Aufstieg, unser Leben als eine Pilgerschaft, die Geschichte als einen Fortschritt; wir halten etwas Verständliches für „eingängig", einen Entschluss für einen „Schritt". Zu den Weisen der großen Feier gehört die Prozession und der Umzug im religiösen und profanen Leben. Schon diese ganz kleinen und wenigen Hinweise zeigen, wie sehr wir unser

ganzes Leben immer wieder interpretieren am
Leitfaden der ganz ursprünglichen, urtümlichen
Erfahrung unseres alltäglichen Gehens.

Wir gehen, und wir sagen durch dieses ganz
physiologische Gehen allein schon, dass wir hier
keine bleibende Stätte haben, dass wir auf dem
Weg sind, dass wir erst noch wirklich ankommen
müssen, noch das Ziel suchen und wirklich
Pilger sind, Wanderer zwischen zwei Welten,

Menschen im Übergang,
   bewegt und *sich bewegend,*

die auferlegte Bewegung steuernd und in der
geplanten Bewegung erfahrend, dass man nicht
immer dort ankommt, wohin der Gang geplant
war. In dem schlichtesten Gehen, das der Gang
des Wissenden und Freien ist, ist so das ganze
Dasein des Menschen eigentlich schon da und vor
sich selbst gebracht, das Dasein, dem der Glaube

des Christen sein Ziel enthüllt und das Ankommen dort verheißt: das Dasein einer unendlichen Bewegung, die sich selbst und ihr Noch-
nicht-angekommen-Sein weiß, die sucht und die
glaubt, dass sie findet, weil (wieder können wir
nicht anders reden) Gott selbst kommt in der
Herabkunft und Wiederkunft des Herrn, der
unsere Zukunft ist.

Wir gehen, wir müssen suchen. Aber

das *Letzte* und *Eigentliche*
kommt uns entgegen,

sucht uns, freilich nur, wenn wir gehen, wenn wir
entgegengehen. Und wenn wir gefunden haben
werden, weil wir gefunden wurden, werden wir
erfahren, dass unser Entgegengehen selbst schon
getragen war (Gnade nennt man dieses Getragen-
sein) von der Kraft der Bewegung, die auf uns
zukommt, von der Bewegung Gottes zu uns.

III   Vom Sitzen

Zum Alltag gehört auch das Sitzen. Und darum auch zur Theologie dieses Alltags. Wer hat sich nicht schon dankbar und froh nach ermüdender Arbeit oder Wanderung hingesetzt? Wer hat nicht, auch wenn er ein Mensch schweifender Sehnsucht ist, die Sehnsucht, einmal sesshaft zu werden. Wer weiß nicht, dass man sich „hinsetzen" muss, wenn aus einer Arbeit etwas herauskommen soll, das etwas wert ist?

Sitzen sagt schon im biologischen und irdischen Bereich, dass nicht jeder Ort und jeder Zustand gleichwertig sind, dass der Mensch irgendwo hingehört und nicht überall gleichgültig zu Hause sein kann, dass er endlich zur Ruhe kommen will,

alle *Bewegung* nur der Ausdruck
zur Heimat sein kann,

in der man sich als dem endgültigen Ort des eigentlichen und vollen Lebens niederlässt.

Natürlich kann dieses „Sitzen" im leiblichen Bereich nur eine Seite des menschlichen Daseins und seiner Vollendung widerspiegeln. Es verneint zwar nicht, sagt aber auch nicht ausdrücklich, dass die Ruhe der Vollendung, das Angekommensein dort, wo man sich endgültig niederlässt, auch in einem das unendliche Leben, die Vollendung der Tat, der absolute Vollzug der lebendigsten Wirklichkeit überhaupt ist.

Aber eben dies geschieht in Ruhe, in gesammelter Stille, im selig-innigen Besitz des Bleibenden, ohne Angst des Verlustes,

ohne *Unrast*
und *leeren Betrieb,*

geschieht also mit einem Wort: in der Ruhe, im Sitzen, wie die Schrift bezeugt, wenn sie vom Gastmahl des ewigen Lebens sagt:

Und der Herr wird sie Platz nehmen lassen
(Lukas 12,37). Das alles klingt recht friedlich und
harmlos. Aber es steckt doch eine ernste Frage an
uns dahinter: ob wir den Mut, die Gesammeltheit
und die Freiheit des Herzens haben zur Ruhe,
zum Sitzen. Oder ob es uns gleich langweilig
wird, wenn wir uns zur Ruhe setzen müssen,
ob wir fahren und reisen, uns in den Betrieb als
Dauerzustand stürzen, weil wir es mit uns, mit
der Stille und dem Schweigen nicht aushalten,

ob wir *immer laufen,* weil wir
uns *davonlaufen* müssen;

ob wir den Sonntag nur als in der Form veränder-
ten Werktag empfinden können, als rein physiologisch erzwungene Pause im Betrieb des Alltags.
Man muss es lernen, dass die Ruhe die höhere
Form der Tat des Herzens und darin des ganzen
Menschen sein kann und letztlich allein ist. Man
muss sich selber die Einsicht erkämpfen, dass

man durch schnelles Fahren nicht vom Wissen dispensiert ist, wohin eigentlich die Reise geht; dass einer, der langsam macht, oft schneller ankommt, weil er vorher Ziel und Weg wirklich bedacht hat. Die unendliche

Bewegung innerhalb des *Zieles*

(wenn man es, weil es nicht anders geht, so paradox sagen darf) ist mehr als die tote Ruhe. Aber zu dieser Bewegung bewegen wir uns erst noch hin. Und wir erreichen diese nur, wenn wir den leeren Betrieb in der Flucht vor sich selbst nicht für besser und erträglicher halten als die Ruhe.

Freilich: es mag viele solcher Einübungen des ruhigen und stillen Zu-sich-selbst-Kommens geben:

die Erfahrung des lauteren Kunstwerkes und der reinen Musik, der innigen und reinen Liebe von Mensch zu Mensch, der hohen Einsicht und Erkenntnis, die nicht auf den Nutzen ausgerichtet ist, und andere musische ganzmenschliche und kontemplative Erfahrungen.

Letztlich aber gibt es doch
nur *eine* Stille,
die es *bei sich aushalten* kann:

das Gebet (wie immer ein Mensch dem damit Gemeinten einen Namen geben mag).

Nur in dem liebenden Einssein mit dem unendlichen Geheimnis, das wir Gott nennen, kann man so ankommen, dass man nicht weitermuss, kann man die Ruhe finden, die nicht bloß ein Moment an der schweifenden Bewegung ist, kann man das Wort hören, für das alles Sitzen und Ruhen nur ein Gleichnis und eine Verheißung ist:

Wer siegt, den will ich mit mir sitzen lassen auf meinem Thron (Offenbarung 3,21).

IV   Vom Sehen

Zu den tragenden Grundfunktionen des Menschen im Alltag und für den Alltag gehört auch das Sehen. Mag es physiologisch und erkenntnistheoretisch sein, wie es mag, wir empfinden nun einmal das Sehen als die objektivste und sachlichste Weise unserer Beziehung mit der Welt, in der wir leben.

Das *Sehen* eröffnet uns den *weitesten Umkreis* der Welt,

es macht das Ferne nahe und setzt das Nahe deutlich von uns ab, es ordnet, unterscheidet und verbindet die Gegenstände, es macht sie zu einer Welt, vielfältig und schön.

Aber das Auge ist auch (und dies auch in der Schrift) das Fenster, an das die Person tritt und sich zeigt, das Tor, in das nicht nur die Welt des Menschen in ihn eintritt, sondern aus dem er selbst von seinem verborgenen Inneren heraustritt und erscheint. Am Auge sieht man nach der Schrift dem Menschen seine Angst, sein Heimweh, seinen Stolz, sein Erbarmen, seine Güte, seine Bosheit, seine Missgunst, seinen Spott, seinen Neid und seine Falschheit an. Und doch sind die Augen für die Schrift auch wiederum das Wort für das Äußerliche des Menschen, auf das der Mensch blickt, während Gott aufs Herz, in die innere freie Unzugänglichkeit des Menschen, in sein Eigentlichstes schaut. So wird das sehende und ausblickende Auge zur

geheimnisvollen *Mitte*
zwischen *Mensch*
und Welt,

zwischen Innen und Außen, die einsammelt und hergibt, verrät und verbirgt. Es würde ein zu unergründliches Thema für dieses kurze Wort sein, wollte man hier sagen, wie das Sehen im religiösen Sprachgebrauch neben dem Hören und

in schwierigem Gegensatz und Einheit mit ihm
als Ausdruck der Begegnung mit Gott und
Christus verwendet wird.

Bleiben wir bei dem Sehen des Alltags. Denn
auch dieses selbst sagt etwas vom Menschen, wie
er ist und sein soll als Ganzer: der offene, der
umsichtige, der auch dem Fernen und Unverfügbaren Zugetane, derjenige, der den Mut haben
soll und die Arglosigkeit, sich zu zeigen, sein
Inneres erscheinen zu lassen, sich auszudrücken
und es zu ertragen, dass man ihn kennt, so wie er
ist. Wer so in die Welt schaut und sein Dasein so
sieht, wer es mit anderen Worten wagt,

die *Welt* zu sehen,
    wie sie ist,

und ihr Bild nicht zu verdoppeln, indem er ihr
einfaches Bild durch ein Wunschbild überlagert,
wer sich so gibt, wie er ist, und nicht durch
Trennung zwischen der Wirklichkeit und dem

Aussehen eine Verdoppelung vornimmt, der hat einen einfachen Blick, dessen geistiges Auge ist gesund. Dann kann von ihm der Spruch vom Auge in der Bergpredigt Jesu gesagt werden, in dem das alltägliche Sehen des Auges selbst Bild und Gleichnis ist für die richtige „Welt-Anschauung": Das Licht deines Leibes ist das Auge. Wenn nun dein Auge einfach ist, dann wird deine ganze Gestalt licht sein (Matthäus 6,22).

V   Vom Lachen

Zum Alltag gehört – hoffentlich ist es so – nicht nur der Ernst der alltäglichen Arbeit, sondern auch das Lachen. Das Lachen ist eine sehr ernste Sache. Denn es verrät den Menschen oft mehr als seine Worte. Wenn wir hier vom Lachen reden, meinen wir das gute Lachen. Zwar gibt es auch ein Lachen der Toren und der Sünder, wie uns der weise Sirach belehrt (Jesus Sirach 21,23; 27,14), ein Lachen, über das der Herr sein Wehe spricht (Lukas 6,25). Dieses Lachen ist hier nicht gemeint. Wir meinen

das *lösende Lachen*, das aus einem *kindlichen* und *heiteren Herzen* kommt.

Es kann nur in dem sein, der durch die Liebe zu allem und jedem die freie und gelöste Sympathie hat, die alles nehmen und sehen kann, wie es ist: das Große groß, das Kleine klein, das Ernste ernst und das Lächerliche lachend. Weil es dies alles

gibt und es so, wie es ist, von Gott gewollt ist,
darum soll es auch genommen werden, wie es ist,
soll nicht alles gleich genommen und das
Komische und Lächerliche belacht werden.
Das aber kann nur der, der nicht alles an sich
misst, der von sich frei ist, jene geheime
Sympathie mit allem und jedem besitzt, in und
vor der jedes zu seinem eigenen Wort kommen
kann. Sie aber hat nur der Liebende.

Und so ist das *gute Lachen* ein Zeichen *der Liebe,*

eine Offenbarung oder Vorschule der Liebe zu
allem in Gott.

Aber dieses harmlose, unschuldige Lachen der
Kinder Gottes ist noch mehr. Auch es ist ein
Gleichnis. Das Wort Gottes selbst hat diese
Analogie ausgesprochen, die wir meinen.
Die Schrift macht das Lachen, diese kleine

Kreatur, vor der man meinen müsste, sie müsse sich verstummend ins Nichts auflösen, wenn sie die Hallen der Unendlichkeit Gottes betritt, zum Bild und Gleichnis der Gesinnung Gottes selbst. Das Wort der Schrift könnte uns erschrecken, aber sie sagt, dass Gott im Himmel lacht, lacht das Lachen des Sorglosen, des Sicheren und Unbedrohten,

das *Lachen*
der *göttlichen Überlegenheit*
über all die grausame *Wirrnis*

einer blutig qualvollen und irrsinnig gemeinen Weltgeschichte, lacht gelassen, fast möchte man sagen unberührt, mitleidig und wissend über das tränenvolle Schauspiel dieser Erde. (Oh, er kann es, weil sein ewiges Wort auch selbst mit uns geweint und alle Gottverlassenheit dieser Welt ausgelitten hat.) Gott lacht, sagt die Schrift und bezeugt so, dass noch im letzten Lachen, das irgendwo silberhell und rein aus einem guten Herzen über irgendeine Dummheit dieser Welt aufspringt, ein Bild und Abglanz Gottes aufstrahlt, ein Abbild des siegreichen, des herrlichen Gottes der Geschichte und der Ewigkeit, dessen eigenes Lachen bezeugt, dass im Grunde eben doch alles gut ist.

VI   Vom Essen

Durch unser dauerndes Reden und Schreiben über die chemisch-physiologische Seite unseres Essens und Trinkens sind wir in Gefahr, diesen alltäglichen und doch so geheimnisvollen Vorgang nur zu sehen als eine Art von „Tanken" von physischer Kraft, damit die Maschine unseres Leibes wieder weiterlaufen kann. Wo aber der Mensch wirklich als Mensch isst und nicht wie ein Tier frisst, ist das Essen eine Angelegenheit des ganzen Menschen und muss es auch so sehr sein, dass, wo dieses Ganzmenschliche des Essens nicht mehr gewahrt ist, sogar das Physiologische dieses Vorgangs zu Schaden kommt. Es gibt ja kaum etwas Geheimnisvolleres in unserem alltäglichen Erfahrungsbereich als die Nahrung:

die Verwandlung des *Toten* in das *Lebendige,* die Anverwandlung des *Fremden* in das *Eigene,* die Einfügung eines Seienden unter Bewahrung seines Eigenen in eine höhere und umfassendere Wirklichkeit. Nur wer meint, das Leben sei nur ein mechanisch kompliziertes Gefüge der bloß chemisch-physikalischen Wirklichkeit, kann sich über diese Verwandlung nicht wundern. Und im Menschen ist die Anverwandlung die in das Menschliche, in die Wirklichkeit, die zu sich selbst gekommen ist, bei sich ist, über sich selbst verfügt und in der die Welt zu sich selbst kommt. Wenn man das Niedrigere im Grund nur vom Höheren her verstehen kann (und nicht umge-kehrt, wie es die Versuchung alles platten Denkens ist), dann muss man eigentlich sagen, dass das Essen die niedrigste, so aber grund-legendste Form jenes Vorgangs ist, in dem ein Seiendes sich durch Erkenntnis die Umwelt oder Welt aneignet und durch Liebe sich der Ganzheit der Welt übereignet.

Und darum ist es eigentlich selbstverständlich:
Wenn das Größere und Höhere des menschlichen
Daseins in seiner greifbaren Leibhaftigkeit erscheinen soll, wird das Mahl das bevorzugte
Symbol. Es wird Symbol, nein – realer Vollzug der
liebenden und vertrauenden Einheit der Essenden
untereinander, weil diese sich gegenseitig zu-
lassen zum gemeinsamen Grund ihres Daseins,
der leiblichen Nahrung, weil sie,

indem sie *teilen*, sich einander
gegenseitig *mitteilen*.

So aber wird dann auch das Mahl zum Zeichen
jener letzten Einheit der Menschen, die ihre
Vollendung ausmacht, indem alle als die Speise
der Ewigkeit, die mit Gott und untereinander eint,

vom einen *Brot* essen
und den einen *Kelch* trinken,
der der *Herr selber* ist.

Wo immer wir essen, sollte darum etwas Festtägliches auch noch über dem Mahl des Alltags liegen. Es ist das Fest im Alltag. Denn es kündet von der Einheit, in die hinein sich alles und alle bergen wollen, in der alle bewahrt und aus ihrer Einsamkeit befreit werden, es spricht im Alltag leise, aber doch vernehmbar, vom Gastmahl des ewigen Lebens.

VII Vom Schlaf

Wir verschlafen ein gutes Drittel unseres Lebens. Der Schlaf gehört also gar sehr zu unserem Leben, zu der Beschäftigung und Kunst, die alle können und üben. Gibt es auch eine Theologie des Schlafes? Gewiss. Die Schrift sagt uns zunächst in wunderbarer Menschlichkeit eine Bestätigung unserer Erfahrung über den Schlaf: vom guten Schlaf dessen, der ordentlich gearbeitet hat, von der schädlichen Schlaflosigkeit dessen, den Managertum nicht ruhig schlafen lässt, vom überlangen Schlaf des Faulen und von Ähnlichem mehr. Aber für die Schrift ist

der Schlaf auch *Bild* und *Gleichnis* tieferer Wirklichkeit im menschlichen *Dasein:*

Bild des Todes, Bild toter und tödlicher Dumpfheit, Gleichnis der Versunkenheit in die Sünde. Der Schlaf kann aber auch für die Schrift die Zeit einer inneren Gelöstheit des Menschen sein, in der er ansprechbar ist für die Weisung Gottes (da es der Herr im Schlafe gibt), für sinnvolle Träume, die, weil sie die sonst vielleicht verdrängte Tiefe des Menschen vermelden, Gottes Weisung und Geheiß aussagen können. In der Tat: der alltägliche Schlaf ist etwas sehr Geheimnisvolles. Der Mensch, der Person und Freiheit ist, sich selbst besitzt und steuert, lässt sich im Schlaf los, gibt sich aus seiner Hand, vertraut sich den Mächten seines Daseins an, die er nicht geschaffen hat und die er nicht überschaut.

Schlaf ist ein
Akt des *Vertrauens*

auf die innere Richtigkeit, Sicherheit und Güte der Welt des Menschen, ein Akt der Arglosigkeit und des Einverständnisses mit dem Unverfügbaren.

Wird der Schlaf so getan, also nicht bloß als ein dumpfes Überwältigtwerden durch die physiologischen Mechanismen, sondern in einem ganzmenschlichen Akt gelöst und vertrauend angenommen, dann ist ein solcher Akt des Einschlafens eigentlich verwandt mit der inneren Struktur des Gebetes, das ja auch ein sich loslassendes Anvertrauen der eigenen Wirklichkeit an die als Liebe angenommene Verfügung Gottes ist. Kein Wunder, dass der Christ das Empfinden hat, der Schlaf sei einzuleiten mit einem Abendgebet, das, der Situation des Beters entsprechend, ein williges, reinigendes und versöhnendes Abschiednehmen vom Tag und seiner Alltäglichkeit und ein Sichanvertrauen an das Geheimnis sein muss, das uns immer liebend umfängt. Wird so betend der Schlaf angenommen, dann ist die dunkle Tiefe des eigenen Wesens, in die man sich im Schlaf hinabgleiten lässt, segnend beschworen.

Und die *Engel* Gottes und nicht *die Engel* der *finsteren Tiefe*

bewachen den Schlaf. Er ist dann friedlich und gelöst, eine Kommunikation mit den Gründen, in denen alle freie Personhaftigkeit des Menschen, alle wissende Planung des Lebens gründen und verwurzelt bleiben müssen, soll der Mensch heil bleiben oder werden.

Von der Erfahrung
der Gnade im Alltag

Haben wir eigentlich schon einmal die Erfahrung der Gnade gemacht? Wir meinen damit nicht irgendein frommes Gefühl, eine feiertägliche, religiöse Erhebung, eine sanfte Tröstung, sondern eben die Erfahrung der Gnade; jener Heimsuchung des Heiligen Geistes des dreifaltigen Gottes, die in Christus, durch seine Menschwerdung und durch sein Opfer am Kreuz Wirklichkeit geworden ist.

Kann man *die Gnade* in diesem Leben überhaupt *erfahren?*

Hieße dies bejahen nicht, den Glauben zerstören, jene hell-dunkle Wolke, die uns einhüllt, solange wir hier auf Erden pilgern? Nun sagen uns zwar die Mystiker – und sie würden die Wahrheit ihrer Aussage mit der Hingabe ihres Lebens bezeugen –, dass sie Gott und also die Gnade schon erfahren haben. Aber mit dem erfahrungsmäßigen Wissen Gottes in der Mystik ist es eine dunkle und geheimnisvolle Sache, über die man nicht reden kann, wenn man sie nicht hat, und nicht reden wird, wenn man sie hat. Unsere Frage lässt sich also nicht einfach a priori beantworten. Vielleicht gibt es Stufen in der Erfahrung der Gnade, deren unterste auch uns zugänglich sind?

Fragen wir uns zunächst: Haben wir schon einmal die Erfahrung des Geistigen im Menschen gemacht? (Was hier mit Geist gemeint ist, ist selbst eine schwierige Frage, die nicht mit einem Wort beantwortet werden kann.) Wir werden vielleicht antworten: Selbstverständlich habe ich diese Erfahrung schon gemacht und mache sie täglich und immer. Ich denke, ich studiere, ich entscheide mich, ich handle, ich pflege Beziehungen zu anderen Menschen, ich lebe in einer Gemeinschaft, die nicht bloß auf dem Vitalen, sondern auch auf dem Geistigen beruht, ich liebe, ich freue mich, ich genieße Dichtung, ich besitze die Güter der Kultur, der Wissenschaft, der Kunst und so weiter – ich weiß also, was Geist ist. Aber so einfach ist das doch nicht. Das alles ist zwar wahr. Aber in all dem Genannten ist der „Geist" (oder kann es sein) nur gleichsam die Ingredienz, die dazu verwendet wird, dieses irdische Leben menschlich, schön und irgendwie sinnvoll zu machen. Der Geist in seiner eigentlichen Transzendenz braucht in all dem noch nicht erfahren zu sein. Nun ist nicht gemeint, dass er nur als solcher erst dort sei, wo über die Transzendenz des Geistes geredet und philosophiert wird. Ganz im Gegenteil. Das wäre nur eine abgeleitete und sekundäre Erfahrung desjenigen Geistes, der nicht nur als inneres Moment am Leben des Menschen waltet. Aber wo ist die eigentliche Erfahrung? Eben da möchten wir nun zum ersten Mal sagen:

Suchen wir selbst, ihn in unserer Erfahrung zu *entdecken.*

Man kann da nur schüchtern und vorsichtig vielleicht auf manches hinweisen.

Haben wir schon einmal geschwiegen, obwohl wir uns verteidigen wollten, obwohl wir ungerecht behandelt wurden? Haben wir schon einmal verziehen, obwohl wir keinen Lohn dafür erhielten und man das schweigende Verzeihen als selbstverständlich annahm? Haben wir schon einmal gehorcht, nicht weil wir mussten und sonst Unannehmlichkeiten gehabt hätten, sondern bloß wegen jenes Geheimnisvollen, Schweigenden, Unfassbaren, das wir Gott und seinen Willen nennen? Haben wir schon einmal geopfert, ohne Dank, Anerkennung, selbst ohne das Gefühl einer inneren Befriedigung? Waren wir schon einmal restlos einsam? Haben wir uns schon einmal zu etwas entschieden, rein aus dem innersten Spruch unseres Gewissens heraus, dort, wo man es niemand mehr sagen, niemand mehr klarmachen kann, wo man ganz einsam ist und weiß, dass man eine Entscheidung fällt, die niemand einem abnimmt, die man für immer und ewig zu verantworten hat? Haben wir schon einmal versucht, Gott zu lieben, dort, wo keine Welle einer gefühlvollen Begeisterung einen mehr trägt, wo man sich und seinen Lebensdrang nicht mehr mit Gott verwechseln kann, dort, wo man meint zu sterben an solcher Liebe, wo sie erscheint wie der Tod und die absolute Verneinung, dort, wo man scheinbar ins Leere und gänzlich Unerhörte zu rufen scheint, dort, wo es wie ein entsetzlicher Sprung ins Bodenlose aussieht, dort, wo alles ungreifbar und scheinbar sinnlos zu werden scheint? Haben wir einmal eine Pflicht getan, wo man sie scheinbar nur tun kann mit dem verbrennenden Gefühl, sich wirklich selbst zu verleugnen und auszustreichen, wo man sie scheinbar nur tun kann, indem man eine entsetzliche Dummheit tut, die einem niemand dankt? Waren wir einmal gut zu einem Menschen, von dem kein Echo der Dankbarkeit und des Verständnisses zurückkommt, und wir auch nicht durch das Gefühl belohnt werden, „selbstlos", anständig und so weiter gewesen zu sein?

Suchen wir selbst in solcher Erfahrung unseres Lebens, suchen wir die eigenen Erfahrungen, in denen gerade uns so etwas passiert ist. Wenn wir solche finden, haben wir die Erfahrung des Geistes gemacht, die wir meinen. Die Erfahrung der Ewigkeit, die Erfahrung, dass der Geist mehr ist als ein Stück dieser zeitlichen Welt, die Erfahrung,

dass der *Sinn* des Menschen nicht im
Sinn und *Glück* dieser *Welt* aufgeht,

die Erfahrung des Wagnisses und des abspringenden Vertrauens, das eigentlich keine ausweisbare, dem Erfolg dieser Welt entnommene Begründung mehr hat. Von da aus könnten wir verstehen, was für eine geheime Leidenschaft in den eigentlichen Menschen des Geistes und in den Heiligen lebt. Sie wollen diese Erfahrung machen. Sie wollen sich immer wieder in einer geheimen Angst, in der Welt stecken zu bleiben, versichern, dass sie anfangen, im Geist zu leben. Sie haben den Geschmack des Geistes bekommen. Während die gewöhnlichen Menschen solche Erfahrungen nur betrachten als unangenehme, wenn auch nicht ganz vermeidbare Unterbrechungen des eigentlichen normalen Lebens, in dem Geist nur die Würze und Garnierung eines anderen Lebens ist, nicht aber das Eigentliche, haben die Menschen des Geistes und die Heiligen den Geschmack des reinen Geistes erhalten. Geist wird von ihnen gewissermaßen rein getrunken, nicht nur als Gewürz des irdischen Daseins genossen. Darum ihr merkwürdiges Leben, ihre Armut, ihr Verlangen nach Demut, ihre Sehnsucht nach dem Tod, ihre Leidensbereitschaft, ihre geheime Sehnsucht nach dem Martyrium. Nicht als ob sie nicht auch schwach wären. Nicht als ob sie nicht auch immer wieder zurückkehren müssten in die Gewöhnlichkeit des Alltags. Nicht als ob sie nicht wüssten, dass die Gnade auch den Alltag und das vernünftige Handeln segnen kann und zu einem Schritt auf Gott hin zu machen vermag. Nicht als ob sie nicht wüssten, dass wir hier keine Engel sind und auch nicht sein sollen. Aber sie wissen, dass der Mensch als Geist, und zwar in der realen Existenz, nicht bloß in der Spekulation, wirklich

auf der *Grenze* zwischen Gott und Welt, *Zeit* und *Ewigkeit*

leben soll, und sie suchen sich immer wieder zu vergewissern, dass sie das auch wirklich tun, dass der Geist in ihnen nicht nur das Mittel der menschlichen Art des Lebens ist.

Und nun: wenn wir diese Erfahrung des Geistes machen, dann haben wir (wir als Christen mindestens, die im Glauben leben) auch schon

faktisch die Erfahrung des Übernatürlichen gemacht. Sehr anonym und unausdrücklich
vielleicht. Wahrscheinlich sogar so, dass wir uns
dabei nicht umwenden können,

nicht umwenden dürfen, um das
Übernatürliche selber direkt anzublicken.

Aber wir wissen, wenn wir in dieser Erfahrung
des Geistes uns loslassen, wenn das Greifbare
und Angebbare, das Genießbare versinkt, wenn
alles nach tödlichem Schweigen tönt, wenn alles
den Geschmack des Todes und des Unterganges
erhält, oder wenn alles wie in einer unnennbaren,
gleichsam weißen, farblosen und ungreifbaren
Seligkeit verschwindet, dann ist in uns faktisch
nicht nur der Geist, sondern der Heilige Geist am
Werk. Dann ist die Stunde seiner Gnade. Dann ist
die scheinbar unheimliche Bodenlosigkeit Gottes,
der sich uns mitteilt, das Anheben des Kommens
seiner Unendlichkeit, die keine Straßen mehr hat,

die wie ein Nichts gekostet wird, weil sie die Unendlichkeit ist. Wenn wir losgelassen haben und
uns nicht mehr selbst gehören, wenn wir uns
selbst verleugnet haben und nicht mehr über uns
verfügen, wenn alles und wir selbst wie in eine
unendliche Ferne von uns weggerückt ist, dann
fangen wir an, in der Welt Gottes selbst,

des *Gottes* der *Gnade*
und des *ewigen Lebens*

zu leben. Das mag uns am Anfang noch ungewohnt
vorkommen, und wir werden immer wieder versucht sein, wie erschreckt in das Vertraute und
Nahe zurückzufliehen, ja wir werden es sogar oft
tun müssen und tun dürfen. Aber wir sollten uns
doch allmählich an den Geschmack des reinen
Weines des Geistes, der vom Heiligen Geist erfüllt
ist, zu gewöhnen suchen. Wenigstens so weit,
dass wir den Kelch nicht zurückstoßen, wenn
Seine Führung und Vorsehung ihn uns reicht.

Der Kelch des Heiligen Geistes ist identisch in diesem Leben mit dem Kelch Christi. Ihn aber trinkt nur der, der langsam ein wenig gelernt hat, in der Leere die Fülle, in dem Untergang den Aufgang, im Tod das Leben, im Verzicht das Finden herauszukosten. Wer es lernt, macht die Erfahrung des Geistes, des reinen Geistes, und in dieser Erfahrung die Erfahrung des Heiligen Geistes der Gnade. Denn zu dieser Befreiung des Geistes kommt es im Ganzen und auf die Dauer nur durch die Gnade Christi im Glauben. Wo er diesen Geist befreit, befreit er ihn aber durch die übernatürliche Gnade in das Leben Gottes selbst hinein.

Suchen wir *selbst* in der Betrachtung unseres *Lebens* die Erfahrung der *Gnade.*

Nicht um zu sagen: Da ist sie; ich habe sie. – Man kann sie nicht finden, um sie triumphierend als sein Eigentum und Besitztum zu reklamieren.

Man kann sie nur suchen, indem man sich vergisst, man kann sie nur finden, indem man Gott sucht und sich in selbstvergessender Liebe ihm hingibt, ohne noch zu sich selbst zurückzukehren. Aber man soll sich ab und zu fragen, ob so etwas wie diese tötende und lebendig machende Erfahrung in einem lebt, um zu ermessen, wie weit der Weg noch ist und wie ferne wir noch von der Erfahrung des Heiligen Geistes in unserem so genannten geistlichen Leben entfernt leben.

Grandis nobis restat via. Venite et gustate, quam suavis sit Dominus! Ein weiter Weg liegt noch vor uns. Kommt und verkostet, wie liebreich der Herr ist!

Gott finden in allen Dingen

Einige Bemerkungen zu Karl Rahners
Theologie des Alltags
Albert Raffelt

Die Theologie des Alltags ist bei Karl Rahner kein
Nebenthema. Schon in seinen frühen Schriften nä-
hert er sich ihr auf verschiedene Weise. So fragt er
nach dem „Laien" als Seelsorger[1] – in der „piani-
schen" Epoche der katholischen Kirche keineswegs
ein unproblematisches Thema. Die geistliche Führung des Laien nimmt er auch bei seinen intensi-
ven frühen Kirchenväterstudien als Aufgabe wahr
und interessiert sich für die Kirchenväterbriefe an
Laien.[2] *Gott meines Alltags* heißt ein früher Gebets-
text[3], der in die Gebete-Sammlung *Worte ins Schweigen* aufgenommen wurde.[4] Und auch die eindrück-
lichen Fastenpredigten *Von der Not und dem Segen
des Gebetes* in der unmittelbaren Nachkriegszeit
1946 in München kennen einen Abschnitt *Gebet im
Alltag*[5], den Karl Rahner später auch auszugsweise

wiederveröffentlichte.[6] Und die kleine Sammlung *Glaube, der die Erde liebt*[7] – aus älteren Texten kurz nach dem Zweiten Vatikanischen Konzil zusammengestellt – erhielt den Untertitel *Christliche Besinnung im Alltag der Welt.* Schließlich bedenkt Rahner wiederum einige Jahre später das Stichwort „Alltagstugenden"[8]; und solche Fragestellungen lassen sich bis in die letzten Lebensjahre bei ihm finden – schon wenn man seine Suche auf das Stichwort „Alltag" beschränkt und die größeren Zusammenhänge zunächst einmal außer Acht lässt.[9]

Kein elitäres Fliehen aus dem Alltag

Wenn man einen Schritt weitergeht und sich fragt, was diese Betonung des „Alltags" bedeutet, wird man zum einen sagen können, dass Karl Rahner ein höchst unelitärer Theologe war. Nicht in dem Sinne, dass er auf irgendeine Art die besondere Leistung, die Anstregung des Begriffs und die Schärfe denkerischer Bemühung gemieden hätte – nicht umsonst ist seine Sprache ja als besonders vertrackt verschrieen (worauf noch zurückzukommen sein wird) –, wohl aber insofern, als er das redliche Bemühen, die „Normalität" auch des nicht Genialischen niemals abwertete. Es war für ihn nicht Füllsel, sondern der Stoff, in dem das Heil gewirkt wird, die endgültige Entscheidung getan wird. Eine Betrachtung alltäglichen Daseins – um ein anderswo gebrauchtes Bild zu verwenden – als den Hohlraum, der wie bei der Geige notwendig ist, damit der Klang entstehen kann, der aber selbst „nichts" ist, ist bei Rahner nicht gut denkbar. So kann er auch nicht nur eine Apologie für die „hohe" Kunst, etwa für Stravinskys Messe halten[10], sondern auch den Chansons seines Ordensbruders Aimé Duval einige Zeilen widmen[11] – und sogar den Songs der Beatles[12]. Das schließt nicht aus, dass Rahner Rangunterschiede genau kennt, achtet und auf seine manchmal drastische Art auch ausdrückt: „Angesichts meines nur rudimentär entwickelten musikalischen Verständnisses mag es genügen, ‚Kommt ein Vogel geflogen' pfeifen zu können. Trotzdem bin ich dann in einem gewissen Sinn musikalisch und auf dem Weg zu einem letzten musikalischen

Ideal. Wenn Sie aber als musikalisch hochbegabter Mensch eine wirkliche Begegnung mit Mozart hatten, dann können Sie nicht sagen: ‚Ich pfeif' auf Mozart, und ich bleib' statt dessen bei ‚Kommt ein Vogel geflogen'".[13] Oder direkt und deutlich und interessanterweise mit einer für Rahner typischen unelitären Wendung: „Irgendwie sollten alle Menschen musikalisch sein, können es sein; das Musikalische könnte und sollte in jedem Leben – natürlich in tausend Abwandlungen und ‚Dosierungen' – eine Rolle spielen. Und doch soll es in einer entwickelten Gesellschaft Berufsmusiker geben. Diese sollen versuchen, das Musikalische in sich und so auch im Dienst an anderen zu einer möglichst reinen Vollendung zu entwickeln; die Gesellschaft darf und soll ihnen dazu ruhig die nötigen Voraussetzungen schaffen, weil das letztlich auch ihr eigener Segen und Nutzen ist; die Berufsmusiker werden – wenigstens in der Dimension des empirisch Greifbaren – es nicht selten in der Entwicklung des Musikalischen weiterbringen als die anderen, sie dürfen aber die Gefahren des ja doch auch unvermeidlich bezahlten und auf's Geld schauenden Berufsmusikers mit einer unmusischen Routine nicht unterschätzen und müssen durchaus damit rechnen, daß vielleicht doch nicht selten das Musikalische in menschlich reinster Blüte (ohne raffinierte Technik) irgendwo bei einem Hauskonzert von Dilettanten sich ereignet oder der kleine Mozart dann am schönsten gespielt hat, wenn er sich vor niemanden produzierte."[14]

Es mag nicht gerade besonders typisch für Rahner sein, Beispiele aus dem Erfahrungsbereich der Musik heranzuholen – sagt er doch selbst: „Ich habe kein intensives Verhältnis, ich gestehe das errötend, zur Musik oder zur bildenden Kunst gehabt."[15] Für die Apologie des Unscheinbaren, des Alltags und für die antielitäre Haltung Rahners sind die zitierten Sätze aber dennoch kennzeichnend – und vielleicht auch nachdenkenswert für Menschen, die sich – mit einem modischen Ausdruck – für „religiös unmusikalisch" halten.

Alltag und Eigentlichkeit

Neben der unelitären Zuwendung zum Alltag ist
ein anderer Problemkreis zu nennen. Rahners Freiburger philosophischer Lehrer Martin Heidegger
mag dafür herangezogen werden. In seinem auch
von Rahner intensiv studierten Hauptwerk *Sein und
Zeit* ist die Alltäglichkeit bezogen auf die Uneigent-
lichkeit und das Verfallen des Daseins. Das geschieht übrigens nicht ohne theologische Abkunft!
Heidegger zitiert gerade im Paragraph 9, der das
Thema einführt, die *Bekenntnisse* des heiligen Augustinus. Rahner notiert sich dazu in seinen Noti-
zen zu *Sein und Zeit* aus der Studienzeit: „Das alltägliche Sein des Da / Das Gerede / Die Neugier /
Die Zweideutigkeit / Das Verfallen und die Gewor-
fenheit" – der Bezug zum theologischen Thema der
Konkupiszenz, der „Begierlichkeit" und zu Augus-
tins Analyse desselben wird dem Theologen nicht
verborgen gewesen sein.[16] Es soll hier nicht über
Recht und Grenze der Heideggerschen Analyse der
Alltäglichkeit nachgedacht werden. Sie hat zunächst wesentlich eine hermeneutische, aufschlie-

ßende Funktion. Sie verweist auf die fundamentale
‚vortheoretische‘[17] Begegnung mit der Wirklichkeit.
Dass die durchschnittliche Alltäglichkeit auch *Ver-*
stellung bedeuten kann, ist nicht zu leugnen; dass
sie in Nüchternheit auszuhalten ist, ist auch bei
Rahner ständig betont. Aber die Ambivalenz des
Phänomens wird bei Rahner nicht nach einer Seite
hin übergewichtet oder gar aufgelöst. Rahner
schreibt nicht wie Jan Patocka im Gefolge Heideg-
gers: „Anonymität, Nicht-Verantwortlichkeit und
Nivellierung bilden die Bewegung der Alltäglichkeit. ... In den Verrichtungen des Alltags führt sich
die Herrschaft des Namenlosen und Ewiggleichen
ein“[18], sondern es geht bei ihm um die „Alltäglichkeit unseres Pilgerweges im Staub dieser Erde“, auf
dem wir unser Heil wirken, wie schon einer der frü-
hesten Rahner-Texte im Pathos der Predigt formuliert.[19]

Welcher Alltag?

Es ist bezeichnend, welche Phänomene Rahner in
seinen „Alltagsbetrachtungen“ auswählt. Man

könnte sie anthropologische Grundphänomene nennen. Und man könnte sich ihnen natürlich auch aus einer anderen Perspektive als jener der Alltäglichkeit nähern. Aber zunächst einmal sind sie in ihrer ganzen Gewöhnlichkeit zu nehmen. Die Arbeit etwa: mühsam, erträglich, durchschnittlich, gewohnt, auch erhaltend, aber doch abnützend sind Kennzeichnungen Rahners. In einer Zeit hoher Arbeitslosigkeit spüren wir ihre Ambivalenz besonders. Ihre Heroisierung liegt uns fern, aber ihr Fehlen ist zerstörerisch. Rahner betrachtet sie in aller Nüchternheit und in der Perspektive der Endlichkeit, aber auch der Gemeinschaftlichkeit menschlicher Existenz. Und der Bogen von Disharmonie und Schuldverfallenheit zu Selbstlosigkeit und zu geduldiger Treue ist nicht „angeklebt", sondern weist auf etwas hin, was in dem Alltagsphänomen gesehen und erfahren werden kann, ohne dass dieses dadurch entfremdet wird. Die kurze Betrachtung „Vom Essen" ist ein Musterbeispiel dafür, wie ein genauer Blick auf etwas so Einfaches und Selbstverständliches Tiefendimensionen erreichen kann, die bis zu den letzten Implikationen menschlichen Daseins reichen und mit dem biblischen Bild vom „Gastmahl des ewigen Lebens" – so am Schluss des Textes – ausgedrückt werden.[20]

Rahner und die Sprache

Dass die Betrachtungen mit einem Zitat von Rilke einsetzen, mag manchen Rahner-Leser verwundern. Ist Rahner doch kein aus der Fülle der Literatur schöpfender Theologe wie Romano Guardini oder Hans Urs von Balthasar. Aber man sollte das Zitat nicht zu schnell als bloßen Schmuck im Text eines sonst eher nüchternen „Sachbuchautors" ansehen. Gerade Rilke-Texte finden sich bei Rahner an gewichtiger Stelle: In den für ihn zentralen Überlegungen zum Herzen Jesu, in denen sich jesuitische Spiritualität und Grundfragen der theologischen Anthropologie durchdringen[21], und in der Betrachtung „Priester und Dichter"[22] zitiert Rahner die neunte *Duineser Elegie,* um das Phänomen der „Urworte" zu verdeutlichen, der „Worte der unendlichen Grenzüberschreitung"[23]. Die Funde ließen sich vermehren. An anderen Stellen hat er den Bezug wieder gestrichen, wohl um sich dem Vorwurf des „bloß Literarischen" nicht auszusetzen, so bei der „Theologie des Todes". Walther Deutschmann schreibt: „Ich werde nie vergessen, wie der international bekannte Freiburger Jesuit Karl Rahner 1951 in Innsbruck in seinem Oberseminar über die Theologie des Todes statt einer üblichen Einführung ein Gedicht Rilkes aus dem Jahr 1903 wählte: ‚O Herr, gieb jedem seinen eigenen Tod ...'."[24] Rahner findet hier eine Wirklichkeitsdeutung, die in die Tiefe dringt. Das ist der Sinn des Zitats, nicht der „Schmuck" der Rede.

Noch eine andere, noch wesentlichere Art des Zitierens findet sich in den Texten: Jede der Betrachtungen spiegelt die Schriftlektüre Rahners wider. Die Stellen – vielfach nicht die geläufigsten – sind ihm zur Hand. Er benötigt dafür keine Konkordanz. Sie sind teilweise exakt belegt, teilweise nur angedeutet, teilweise aus der eigenen Schriftkenntnis hinzuzusetzen. Wer ihn zu schnell der Bibelferne bezichtigt, weil mancher große Aufsatz lange theoretische Gedankengänge absolviert, hat die Genera seines

Schrifttums nicht beachtet und weiß auch nicht von der nüchtern-theoretischen „Schultheologie", der sich Rahner lebenslang verpflichtet fühlte und die den Reflexionsrahmen für seine oft kühnen Synthesen bot. Rahner schöpft aus dem Fundus einer ständigen, jahrzehntelangen Schriftlektüre, die sich in betrachtenden Texten bis in den eigenen Sprachstil auswirkt, wie bei vielen großen Vorbildern seit der Zeit der Kirchenväter.[25]

Wenigstens andeutungsweise soll noch auf die Schlichtheit des Rahnerschen Sprachstils in diesen Texten hingewiesen werden. Sie müssen nicht „übersetzt" werden, wie sein Bruder Hugo dies von seinen hoch differenzierten großen theologischen Aufsätzen etwas ironisch gesagt haben soll. Rahner hat durchaus die Gabe des unmittelbaren Sagens, die in seinen betrachtenden Texten bis zu einem existentiell glaubhaften Pathos reicht. Die schon genannten Predigten *Von der Not und dem Segen des Gebetes* sind wohl eines der schönsten Beispiele dafür. Die kleinen „alltäglichen" Betrachtungen erreichen ebenfalls diese Unmittelbarkeit.

Die spirituellen Wurzeln

„Von der Erfahrung der Gnade im Alltag" ist der abschließende Text überschrieben. Er ist das älteste Stück des Bändchens, 1954, also zehn Jahre vor den übrigen Texten geschrieben.[26] Der Text gehört zum Grundklang Rahnerscher Theologie, der sich bis zu seinem letzten großen Vortrag[27] in Freiburg im Jahr 1984 durchzieht: Rahner ist der Theologe der Universalität der Gnade. Man wird diesen Ehrentitel auch anderen Theologen des 20. Jahrhunderts geben können, von Karl Barth bis Paul Tillich oder katholischerseits etwa Hans Urs von Balthasar. Aber der Rahnersche Duktus ist gerade darin ganz spezifisch, dass er sich diesem großen Thema, dem universalen Heilswillen Gottes (vgl. 1 Timotheus 2,4: „ ... er will, dass alle Menschen gerettet werden und zur Erkenntnis der Wahrheit gelangen"), in der Banalität des Alltags widmet. „Über die Erfahrung der Gnade" hieß der ursprüngliche Text, dem die Betrachtung entnommen ist.

Auch die „Erfahrung" ist ein in der katholischen Theologie schwieriges Thema. Die Streitigkeiten am Beginn des 20. Jahrhunderts, die mit der Verurteilung des so genannten Modernismus endeten, hatten alle Rede von „Erfahrung" in der Theologie suspekt gemacht und als Subjektivismus gebrandmarkt oder in die Nähe esoterischer Selbsterlösungstheologie gerückt, die aus dem unabschließbaren Sehnen des Menschen schon die Antwort macht und darüber die Wahrheit der Aussage des heiligen Augustinus vergisst, wonach das *ganze* christliche Leben ein heiliges Sehnen ist.[28]

Rahner setzt wieder sehr vorsichtig an. Aber eben auch sehr phänomennah und grundsätzlich. Die vorbereitenden Gedanken über die Erfahrung des Geistes liest man heute vielleicht noch aufmerksamer vor dem Hintergrund der naturwissenschaftlichen Theorien, die den Geist als reines Epiphänomen zu interpretieren suchen. Der Text ist hier sehr schlicht erfahrungsnah formuliert: „die Erfahrung, dass der Geist mehr ist als ein Stück dieser zeitlichen Welt, die Erfahrung, dass der Sinn des Menschen nicht im Sinn und Glück dieser Welt aufgeht, die Erfahrung des Wagnisses und des absprin-

genden Vertrauens, das eigentlich keine ausweisbare, dem Erfolg dieser Welt entnommene Begründung mehr hat." Die nötigen philosophisch-theolo-
gischen Reflexionen zur Begründung einer solchen
Aussage hat Rahner aber auch nicht gescheut und
an anderer Stelle gegeben.[29]

Spätestens hier ist auf die ignatianische Prägung
der Spiritualität Karl Rahners zu sprechen zu kommen, die hinter allem steht, was wir bislang bedacht
haben. Band 13 der *Sämtlichen Werke,* der die großen Exerzitienkurse enthält, die Karl Rahner ge-
halten hat, kann dies erneut verdeutlichen.[30] Viele
Studien der letzten Jahre haben auf diese Verwurze-
lung des Rahnerschen Denken von seinem ersten
Text an hingewiesen.[31]

Und man kann die Wurzel für die „Mystik des Alltags, das Gottfinden in allen Dingen", von der Rahner andernorts (bei einer späteren Wiederaufnah-
me des Textes über die Erfahrung der Gnade)[32]
spricht, exakt hier sehen: Schon in einem frühen
Text von 1936[33] hat Rahner den Zusammenhang
von Alltag und Mystik herausgestellt, indem er

Ignatius von Loyola interpretiert und zunächst die „indiferencia: die gelassene Bereitschaft zu jedem Befehl Gottes, der Gleichmut, der sich aus der Erkenntnis, daß Gott immer größer ist als alles, was wir von ihm erfahren, worin wir ihn finden können"[34] als die alltägliche Haltung anspricht, die die Voraussetzung ist für das „Gott finden in allen Dingen", auf das die Spiritualität des Ordensgründers hinzielt: „Weil Gott größer ist als alles, kann er sich finden lassen, wenn man von der Welt flieht, er kann einem aber auch entgegenkommen auf den Straßen mitten durch die Welt. Und darum kennt Ignatius für seine ewige Unruhe zu Gott nur ein Gesetz: ihn in allen Dingen suchen, das heißt aber: ihn immer dort zu suchen, wo er sich je und je finden lassen will, heißt auch, ihn in der Welt suchen, wenn er darin sich zeigen will. In diesem In-allen-Dingen-Gott-Suchen haben wir die ignatianische Formel der höheren Synthesis der in der Religionsgeschichte üblichen Zweiteilung der Frömmigkeit in eine mystische der Weltflucht und eine prophetische der gottgesandten Weltarbeit. In dieser Formel sind diese Gegensätze im Hegelschen Sinne ‚aufgehoben‘. Es geht Ignatius nur um den Gott jenseits aller Welt, aber er weiß, daß dieser Gott, gerade weil er wirklich jenseits aller Welt und nicht bloß der dialektische Gegenschlag zu aller Welt ist, sich auch *in der Welt* finden läßt, wann sein souveräner Wille uns den Weg in die Welt gebietet."[35]

Vom „Ort" der Meditationen

Vielleicht ist hier auch ein Wort über den „Ort" dieser Betrachtungen sinnvoll. Es sind *christliche* Meditationen. Sie leben einmal aus dem geistlichen Fundus der Heiligen Schrift, deren Bilder und Sprache in ihnen – wie oben schon gesagt – gegenwärtig ist. Und sie sind zum andern getragen vom Impuls ignatianischer Spiritualität. Wie der Christ seinen Alltag lebt, dass nicht nur die *hier* betrachteten Grundphänomene dazugehören, sondern konkretes Engagement, soziale Tat, Nächstenliebe ... – all dies ist Rahner gegenwärtig, ist von ihm auch formuliert worden. Welcher systematische Theologe dieses Rangs hat sich etwa um so handfeste Dinge wie die Bahnhofsmission gekümmert oder zur Frage der Pfarrbücherei publiziert, um nur zwei Beispiele zu nennen?[36] Wir brauchen hier auch nicht der Verdichtung wesentlicher Knotenpunkte der menschlichen Existenz in den Sakramenten nachzugehen – der Text „Vom Essen" führt meditativ dahin[37]; Rahners sakramententheologische Studien liegen inzwischen auch weitgehend in neuer Ausgabe vor.[38]

Trotzdem: Es sind Phänomene, die nicht ausschließlich dem Christen eigen sind. Daher sind sie auch ein Angebot zur Meditation für alle Menschen guten Willens (Lukas 2,14 nach der Vulgata) oder für alle Menschen seiner Gnade (Lukas 2,14 nach der Einheitsübersetzung). Dass die Tiefe des Menschlichen und des Christlichen nicht voneinander zu trennen sind, ist für Rahner eine theologische Kernaussage. Eine Welt, der sich Gott mitteilt in seiner Offenbarung und zutiefst in seinem „Wort", das Mensch wird – in der Inkarnation –, ist nicht geteilt zwischen Heils- und Weltgeschichte, zwischen sakral und profan. Und es liegt nahe, an diesem Punkt auf das Theologoumenon einzugehen, das bei fast jeder Erinnerung an Karl Rahner wieder auftaucht, den „anonymen Christen", die Universalität der Gnade, die auch außerhalb der Kirchenmauern zu finden ist.

Wir können auch diese Linie nicht mehr ausziehen. Aber es sei zumindest kurz angedeutet, dass es dabei nicht um ein Abmarkten des spezifisch Christlichen, um ein Relativieren des christlichen Anspruchs und ein Überflüssigmachen des konkreten kirchlichen Christentums geht. Wer das nicht von Rahner hören will, kann es sich auch von anderen großen Theologen sagen lassen: „Alles, was wir von Gott glauben und was wir vom Menschen wissen, hindert uns daran, anzunehmen, dass an den Grenzen der Kirche kein Heil mehr sei", sagt Joseph Ratzinger in seinen Adventspredigten von 1964[39] und fragt stattdessen, warum dann noch die scheinbare „Last" konkreter Christlichkeit zu tragen notwendig sei; auf keinen Fall kann es darum gehen, „nicht nur mit unserem Heil, sondern vor allem mit dem Unheil der anderen belohnt sein" zu wollen.[40] Die Lösung liegt darin, dass man Christ nicht für sich ist, sondern „für das Ganze, für die anderen, für alle"[41]. Wo aber entscheidet sich das Heil? Nach der Antwort Jesu (Matthäus 22, 35–40) am Doppelgebot der Liebe. Und der „Weltenrichter fragt … nicht, was ein Mensch für Theorien über Gott und die Welt gehabt hat. Er fragt nicht nach dem dogmatischen Bekenntnis, er fragt allein nach der Liebe. Sie genügt und sie rettet den Menschen. Wer liebt, ist ein Christ"[42]. Dass die Liebe nichts Harmloses ist, dass wir sie nicht von vornherein als selbstverständlich von uns in einem bürgerlich „anständigen" Leben als geleistet annehmen dürfen, dass sie den Charakter des Kreuzes annehmen kann und annimmt, dass sie in die Christusnachfolge führt, dass sie mindestens inchoativ einen glaubenden „Ausgriff auf das Christusgeheimnis"[43] bedeutet, das alles darf nicht vergessen werden. Und um es richtig auszusagen, bedarf es dann doch vieler theologischer Überlegungen.

Aber so haben diese „binnenchristlichen" Meditationen auch wieder eine Offenheit auf die Heilswirklichkeit eines jeden Menschen. Pascals „Du würdest mich nicht suchen, wenn du mich nicht schon gefunden hättest"[44] wird man auch hoffend in diese Richtung sagen können.

Doch wollen wir die kleinen Betrachtungen nicht mit zu viel Theorie versehen. Die Nachbemerkungen sollten nur deutlich machen, dass sie nur ein kleiner, wenn auch eindringlicher und schöner Teil eines großen Werkes eines der eindringlichsten Theologen des letzten Jahrhunderts sind, der zugleich ein geistlicher Mensch und ein spiritueller Führer war und der uns dabei helfen kann, das „Schisma zwischen Dogmatik und Lebensgeschichte zu beenden".[45]

Albert Raffelt ist stellvertretender Leiter der Universitätsbibliothek Freiburg und Honorarprofessor für Dogmatik. Er gehört zu den Herausgebern der Gesamtausgabe „Karl Rahner: Sämtliche Werke", die im Verlag Herder erscheint.

1 *Weihe des Laien zur Seelsorge*; in: *Zeitschrift für Aszese und Mystik* 11 (1936), S. 21–34. Aufgenommen in K. RAHNER: *Schriften zur Theologie*. Bd. 3. Einsiedeln 1956, S. 313–328.

2 Vgl. die Einleitung zu Leopold von WELSERSHEIMB: *Kirchenväter an Laien*. Freiburg im Breisgau 1939 (Zeugen des Wortes. 20), S. 1–17, auch unter dem Titel *Laienheiligkeit im christlichen Altertum*; in: *Stimmen der Zeit* 135 (1939), S. 234–251. Jetzt in K. RAHNER: *Sämtliche Werke*. Bd. 3. Freiburg 1999, S. 105-122.

3 In: *Korrespondenz des Priestergebetsvereines Associatio Perseverantiae Sacerdotalis* (Wien) 58 (1937), S. 54–58.

4 Innsbruck 1938, S. 63–72. Jetzt in K. RAHNER: *Gebete des Lebens*. Freiburg 2004 (Beten mit Karl Rahner. 2), S. 99–104.

5 Jetzt in K. RAHNER: *Von der Not und dem Segen des Gebetes*. Freiburg 2004 (Beten mit Karl Rahner. 1), S. 99–113.

6 *Den Alltag bestehen*; in: *Frau und Beruf* (Düsseldorf) 4 (1955), S. 84, und in anderer Zusammenstellung: *Der Alltag als Einkehrtag*; in: *Der christliche Sonntag* 11 (1959), S. 82.

7 Freiburg im Breisgau 1966 (Herder-Bücherei. 266).

8 *Alltagstugenden* (1970), aufgenommen in seine Sammlung: *Chancen des Glaubens*. Freiburg im Breisgau 1971 (Herder-Bücherei. 389), S. 125-138.

9 Vgl. etwa noch K. RAHNER: *Was bleibt von der Taufe für den Alltag?* In: *Entschluß* (Wien) 37 (1982), Nr. 9/10, S. 2.

10 *Wort und Musik im Raum der Kirche*; in: *Der große Entschluß* (Wien) 17 (1961), S. 34–36. Jetzt in K. RAHNER: *Sämtliche Werke*. Bd. 16. Freiburg 2005, S. 226–230.

11 *Nachwort*; in: A. DUVAL: *Chansons*. Salzburg 1959, S. 45–56. Aufgenommen in *Glaube, der die Erde liebt*, S. 157f. (Ein kleines Lied), jetzt in: K. RAHNER: *Sämtliche Werke*. Bd. 14. Freiburg 2006.

12 *Vorwort*; in: G. GEPPERT: *Songs der Beatles: Texte und Inter-*
    pretationen. München 1968 (Schriften zur Katechetik. 11), S.
    7–9 und *Wovon singen die Beatles?* In: *Unsere Seelsorge* (Mün-
    ster) 18, Nr. 4 (1968), S. 17–18.

13 K. RAHNER: *Glaube in winterlicher Zeit.* Düsseldorf:
    Patmos, 1986, S. 126 (Karl Rahner im Gespräch mit Schü-
    lerinnen des Gymnasiums Am Anger in München, 1983).

14 K. RAHNER: *Über das kontemplative Leben*; in: U.
    DOBHAN/V. E. SCHMITT (Hg.): *Karmel in Deutschland.*
    München 1981, S. 11–16, hier S. 13.

15 *Lebenslauf*; in: *Anzeiger für die katholische Geistlichkeit* 88
    (1979), S. 72–80, hier S. 78.

16 K. RAHNER: *Sämtliche Werke.* Bd. 2. Freiburg 1996, S. 442.

17 K. RAHNER, ebd., S. 445.

18 Jan PATOCKA: *Ausgewählte Schriften.* Bd. 1. Stuttgart 1990,
    S. 274. (Nachwort 1976 zur französischen Ausgabe von
    „Die natürliche Welt als philosophisches Problem", 1936).

19 K. RAHNER: *Von den Engeln*; in: *Kirchen-Anzeiger St.*
    Michael (München) 6 (1935), Nr. 36 (1.–8. 9. 35), S. 146–147,
    hier S. 146; wieder abgedruckt in K. RAHNER: *Das große*
    Kirchenjahr. Freiburg 1986, S. 512–515, hier S. 513.

20 Wenigstens anmerkungsweise sei darauf hingewiesen, dass
    Rahner einzelnen Phänomenen auch ausführlichere Überle-
    gungen unter verschiedenen Aspekten gewidmet hat, vgl.
    etwa: *Geistliches Abendgespräch über den Schlaf, das Gebet und*
    andere Dinge; in: K. RAHNER: *Schriften zur Theologie.* Bd. 3,
    S. 263–281; *Fastnacht: Vom Lachen und Weinen des Christen*;
    in: K. RAHNER: *Das große Kirchenjahr.* Freiburg [3]1990, S.
    165–171; *Vom Hören und Sehen: eine theologische Überlegung*;
    in: W. HEINEN (Hg.): *Bild – Wort – Symbol in der Theologie.*
    Würzburg 1969, S. 139–156; *Theologische Bemerkungen zum*
    Problem der Freizeit; in: K. RAHNER: *Sämtliche Werke.* Bd. 16.

Freiburg 2005, S. 193–213 (über die Arbeit), zum Teil auch in meditativen Kontexten wie das „Gehen" in der Fronleichnamsbetrachtung *Der Weg mit dem Herrn*; in: K. RAHNER: *Das große Kirchenjahr*, S. 341–345.

21 „*Siehe dieses Herz.*" *Prolegomena zu einer Theologie der Herz-Jesu-Verehrung*; in: K. RAHNER: *Schriften zur Theologie.* Bd. 3, S. 379–390, hier S. 385, 388 [*Sämtliche Werke.* Bd. 13. Freiburg 2006].

22 K. RAHNER: *Sämtliche Werke.* Bd. 12. Freiburg 2004, S. 421–440.

23 K. RAHNER, ebd., S. 424.

24 Vgl. W. DEUTSCHMANN: *Erfüllung und Verzicht im Spätwerk R. M. Rilkes.* Freiburg 2003.

25 Das ist auch bei J. Ratzingers kritischen Bemerkungen zur Schriftferne im Duktus des *Grundkurs des Glaubens* im Auge zu behalten. Vgl. BENEDIKT XVI.: *Wort Gottes.* Freiburg 2005, S. 85 mit Anm. 2. Den Rang des Grundkurses hat J. Ratzinger andererseits im Übrigen schon früh sehr lobend herausgestellt (J. RATZINGER: *Vom Verstehen des Glaubens. Anmerkungen zu Rahners Grundkurs des Glaubens*; in: *Theologische Revue* 74 [1978], S. 177–186).

26 K. RAHNER: *Schriften zur Theologie.* Bd. 3, S. 105–109.

27 Vgl. *Von der Unbegreiflichkeit Gottes. Erfahrungen eines katholischen Theologen.* Freiburg im Breisgau 2004, ⁴2006.

28 AUGUSTINUS: *In epistulam Iohannis ad Parthos* 4,6: „tota vita christiani boni, sanctum desiderium est".

29 Von der transzendentalphilosophischen Grundlegung seines Denkens in der Studie *Geist in Welt* an (vgl. K. RAHNER: *Sämtliche Werke.* Bd. 2. Freiburg 1995).

30 Freiburg 2006. Vgl. auch die grundlegende Studie *Die Ignatianische Logik der existentiellen Erkenntnis*, die Karl Rahner in seinem Band *Das Dynamische in der Kirche.* Freiburg

1958 (Quaestiones disputatae. 5) wiederveröffentlicht hat und die daher in Bd. 10 der *Sämtlichen Werke*. Freiburg 2003, abgedruckt ist.

31 Vgl. A. ZAHLAUER: *Karl Rahner und sein „produktives Vorbild" Ignatius von Loyola*. Innsbruck 1996 (Innsbrucker theologische Studien. 47) und A. R. BATLOGG: *Die Mysterien des Lebens Jesu bei Karl Rahner: Zugang zum Christusglauben*. Innsbruck ¹2001, ²2003 (Innsbrucker theologische Studien. 58).

32 Vgl. K. RAHNER: *Erfahrung des Geistes*. Freiburg 1977, S. 45.

33 *Die ignatianische Mystik der Weltfreudigkeit*; in: *Zeitschrift für Aszese und Mystik* 12 (1936), S. 121–137, nachgedruckt in K. RAHNER: *Schriften zur Theologie*. Bd. 3, S. 329–348.

34 K. RAHNER, ebd., S. 345.

35 K. RAHNER, ebd., S. 346.

36 Vgl. die Texte in K. RAHNER: *Sämtliche Werke*. Bd. 16.

37 Vgl. Rahners Betrachtungen zu den Einzelsakramenten *Die siebenfältige Gabe*. München 1974, jetzt in: *Leiblichkeit der Gnade*. Freiburg 2003 (Sämtliche Werke. 18), S. 273–347.

38 Vgl. K. RAHNER: *Sämtliche Werke*. Bd. 18. Freiburg 2003.

39 Neuausgabe: BENEDIKT XVI.: *Vom Sinn des Christseins*. München 2005, S. 58. Rahner hat in seiner Interpretation der Enzyklika „Mystici Corporis" die Bresche für eine solche Aussage mit der harten Argumentationslogik der Schultheologie geschlagen, vgl. K. RAHNER: *Sämtliche Werke*. Bd. 10. Freiburg 2003, S. 3–81.

40 K. RAHNER: *Vom Sinn des Christseins*, S. 64.

41 Ebd., S. 71. – Von Rahner aus könnte man dies mit seinen *Dogmatischen Randbemerkungen zur „Kirchenfrömmigkeit"* formulieren, vgl. K. RAHNER: *Sämtliche Werke*. Bd. 10, S. 497–519.

42 K. RAHNER: *Vom Sinn des Christseins*, S. 91. – Wiederum

könnte man die Rahnerschen Auslegungen gerade dieses Textes (Matthäus 25) heranziehen, der zu den von ihm am häufigsten zitierten Schrifttexten gehört: in Abhandlungen, Lexikonartikeln, Predigten ...

43 K. RAHNER: *Vom Sinn des Christseins*, S. 100.

44 B. PASCAL: *Pensées*, Éd. Brunschvicg Nr. 919 / Éd. Lafuma Nr. 553 – Augustinus dabei steht im Hintergrund.

45 J. B. METZ: *Karl Rahner – ein theologisches Leben. Theologie als mystische Biographie eines Christenmenschen heute*; in: *Stimmen der Zeit* 192 (1974), S. 305–316, hier S. 308.

Bildquellenverzeichnis

Schutzumschlag, S. 57:
Andreas Felger, Öl, 2002, Größe 200 cm x 200 cm
S. 13: Andreas Felger, Öl, 2002, Größe, 90 cm x 90 cm
S. 19: Andreas Felger, Öl, 2002, Größe 200 cm x 200 cm
S. 25: Andreas Felger, Öl, 2003, Größe 200 cm x 200 cm
S. 33: Andreas Felger, Öl, 2003, Größe 180 cm x 180 cm
S. 39: Andreas Felger, Öl, 2002, Größe 200 cm x 200 cm
S. 45: Andreas Felger, Öl, 1999, Größe 40 cm x 40 cm
S. 51: Andreas Felger, Öl, 2003, Größe 200 cm x 200 cm

Karl Rahner

Worte gläubiger Erfahrung

Hg. von Alice Scherer
128 Seiten, gebunden
ISBN 3-451-28537-1

Von der Unbegreiflichkeit Gottes

Erfahrungen eines katholischen Theologen
Hg. von Albert Raffelt
Mit einer Einführung von Karl Kardinal Lehmann
80 Seiten, Paperback
ISBN 3-451-28536-3

Beten mit Karl Rahner

384 Seiten, zwei Bände, gebunden in
Schmuckkassette
Bd. 1: Von der Not und dem Segen des Gebetes
Bd. 2: Gebete des Lebens
ISBN 3-451-28385-9

HERDER

Andreas Felger

Margot Käßmann / Joachim Wanke (Hg.)
Bei uns alle Tage
Das Matthäusevangelium als Jahresbegleiter
ISBN 3-451-28490-1

Erfüllt ist die Zeit
Das Markusevangelium als Jahresbegleiter
ISBN 3-451-28819-2

Heute seine Stimme hören
Das Lukasevangelium als Jahresbegleiter
ISBN 3-451-28249-6

Jeweils 176 Seiten, durchgehend vierfarbig, gebunden mit
Lesebändchen
Mit Aquarellen von Andreas Felger und Auslegungen von
Bruder Franziskus Joest

Anselm Grün / Andreas Felger
Engel – Bilder göttlicher Nähe
Aquarelle und Meditationen
128 Seiten, durchgehend vierfarbig, gebunden mit
Schutzumschlag.
In Zusammenarbeit mit dem Präsenz-Verlag, Gnadenthal
ISBN 3-451-28538-X (Herder)

HERDER